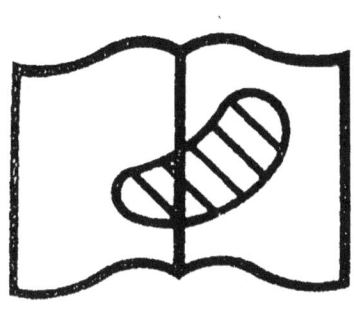

Illisibilité partielle

Contraste insuffisant
NF Z 43-120-14

Valable pour tout ou partie
du document reproduit

Couverture inférieure manquante

Original en couleur
NF Z 43-120-6

INVENTAIRE-ANALYTIQUE

DES

CHARTES

DES

XIe, XIIe, XIIIe SIÈCLES

DE

L'ABBAYE DE SAINT-QUENTIN DE BEAUVAIS

Ordre des Chanoines de Saint-Augustin

PAR

Armand RENDU

ARCHIVISTE DE L'OISE.

BEAUVAIS
IMPRIMERIE DE D. PERE, RUE SAINT-JEAN.

1880.

INVENTAIRE-ANALYTIQUE

DES

CHARTES

DES

XIe XIIe XIIIe SIÈCLES

DE

L'ABBAYE DE SAINT-QUENTIN DE BEAUVAIS

Ordre des Chanoines de Saint-Augustin

PAR

ARMAND RENDU

ARCHIVISTE DE L'OISE.

BEAUVAIS
IMPRIMERIE DE D. PERE, RUE SAINT-JEAN.

1880.

Les documents dont la présente publication contient l'analyse sont des contrats. Comme tous les documents de ce genre, ils sont pleins de preuves pour l'histoire sociale.

Généralement, on peut y prendre de multiples connaissances sur la condition des personnes, nobles, hommes libres, hotes, serfs, leurs noms, titres et qualités; sur l'état des biens, leurs redevances, leur valeur, leur exploitation, les mesures employées, les monnaies usitées; et sur les diverses parties du droit canonique, civil et féodal.

Particulièrement, certains titres analysés dans cet inventaire sont intéressants pour la topographie de Beauvais et du faubourg de Saint-Quentin, et pour l'histoire communale de la ville de Poix.

TABLE.

FAUBOURG SAINT-QUENTIN.	
Grande-Rue, ou rue de la Porte-de-Pierre ou du Moulin.	1
Rue de la Boulangerie	2
Faubourg Gonard	3
Pré Bérard	4
Moulins	6
Faubourg	8
BEAUVAIS.	
Rue de la Boucherie	9
Rue des Flageots	11
Rue Jocelin	12
Rue Robert-le-Diable	12
Rue Saint-André	12
Rue Sybille-de-Warluis	13
Divers	14
CAMBRONNE	17
DOMELIEN (Royaucourt)	17
FOURNEUIL	19
HÉTOMESNIL	21
LA BRUYÈRE (Aisne)	21
LA HOUSSOYE	21
LA MORLIÈRE (Welles-Pérennes)	22
LA NEUVILLE-ROI	26
LA NEUVILLE-SUR-AUNEUIL	26
MERLEMONT (Warluis)	26
MONTREUIL-SUR-THÉRAIN	27
MOYENNEVILLE	28
NOURARD-LE-FRANC	29
OIGNY (Aisne)	29

Saint-Just-des-Marais..	29
Tillé...	29
Verderel..	30
Welles..	30

Prieuré de Conty (Somme) (diocèse d'Amiens).
    Fleury (Somme)... 31

Prieuré de Neufvy (diocèse de Beauvais).
    Neufvy... 31

Prieuré de Neuilly-s^t-Clermont (diocèse de Beauvais).
    Lierval (Neuilly-sous-Clermont).............. 32

Prieuré de Pertain (Somme) (diocèse d'Amiens).
    Pertain.. 32

Prieuré de Poix (Somme) (diocèse d'Amiens).
    Poix.. 33
    Crèvecœur-le-Petit...................................... 38
    Erémecourt (Somme)................................. 39
    Esquennes (Somme).................................. 39
    Monchaux (Somme).................................. 39
    Mouy... 40

ABBAYE DE SAINT-QUENTIN DE BEAUVAIS

ORDRE DES CHANOINES DE SAINT-AUGUSTIN.

INVENTAIRE DES CHARTES

DES

XIe, XIIe ET XIIIe SIÈCLES

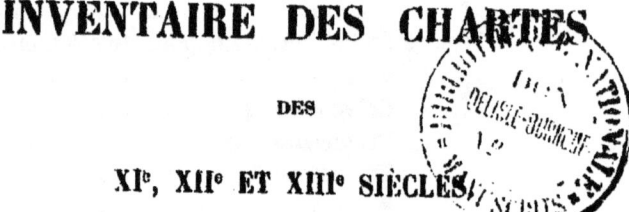

Faubourg Saint-Quentin. Grande-Rue ou rue de la Porte-de-Pierre ou du Moulin.

Vente, sous le sceau du Chapitre de Beauvais, par Ermessende, veuve de Geoffroi Le Brasseur, Gobert son mari et Pierre son fils, à Adam Le Brasseur et Marie sa femme, moyennant 20 livres parisis, d'une maison et dépendances devant et derrière, sise grande rue de Saint-Quentin, devant la maison de Rolland-le-Boulanger, suivant les us et coutumes du faubourg Saint-Quentin, et chargée envers l'abbaye d'un cens de 7 sous 6 deniers aux quatre termes accoutumés, ladite vente munie de la renonciation par la venderesse à toute action dotale sur la maison, et par son fils Pierre, âgé de 15 ans, à toute réclamation sur elle pour raison de droit de succession. Samedi 5 octobre 1241.

Faubourg Saint-Quentin. Rue de la Boulangerie.

Vente, sous le sceau de l'officialité de Beauvais, moyennant 100 sous parisis, par Thomas Lalluyer, et Marie sa femme, d'une maison sise à Saint-Quentin dans la rue de la Boulangerie, entre la maison de Quentin et celle d'Alix, femme de Gilles, appartenant à Marie en raison de la dot de son premier mari Nicolas, laquelle maison Noël le Blanc qui prétendait en être propriétaire, par succession, avait léguée à l'abbaye, dans sa dernière maladie, du consentement d'Helwide sa femme et Marie sa fille, suivant le rapport de Raoul alors chapelain de Saint-Hippolyte et autres témoins, la dite vente faite après le décès de Noël, avec assentiment de Bérenger Teroude, Helwide sa femme et Marie sœur d'Helwide, approuvant également le legs. Juillet 1284. — Notification par l'officialité de Beauvais de la reconnaissance par Laurent de Chars, clerc, et Jeanne sa femme, envers l'abbaye, de l'engagement de dépenser dans l'espace de deux ans la somme de 10 livres parisis en réparations à une maison prise par eux de la dite abbaye à cens, sise en la rue de la Boulangerie, entre la maison du boucher Robert qu'il habite lui-même, et une autre maison lui appartenant. Juillet 1287. — Acensement, sous le sceau de l'officialité de Beauvais, par Jacques de Lannoy, vannier, et Eremburge sa femme, à l'abbaye, d'une partie d'un manoir et ses dépendances qui fut à feu Jean des Marais, sis à Saint-Quentin, rue de la Boulangerie, entre la maison de Robert de Reuil, vannier, et celle de Laurent Poket, dit de Froidmont, clerc, la dite partie comprise depuis la rivière passant sous le dit manoir, jusqu'à la maison de Laurent, et au-dessus de la chaussée, entre la rivière et la maison de Laurent, et en montant des dits rivière et maison jusqu'au ruisseau Gaillard, entre les maisons d'Adie de Lihus sises sur le dit ruisseau Gaillard et le courtil de Jean Leroux, le dit acensement fait moyennant 100 sous parisis, payables par moitié à la Saint-Remi et à Noël. Mercredi 16 février 1295.

Faubourg Saint-Quentin. Faubourg Gonard.

Notification par Geoffroi, doyen du Chapitre cathédral de Beauvais, d'un acensement fait par l'abbaye à Pierre Bardoul, bourgeois de Beauvais, et Félicie sa femme, d'une terre sise devant son pressoir de Gonard, dite champ de la Warde, et de deux arpents de vigne en la vallée Baudouin, contiguë à celle du preneur, moyennant 4 livres et demie, à prendre 30 sous sur des cens de 10 sous sur la maison de Jean d'Ibouvillers, bourgeois de Beauvais, sise près le pont Doubert, de 15 sous sur quatre maisons au-delà de Saint-André, vers la porte du dit manse, de 5 sous sur celles-là et 4 autres tenues par Robert des Aires, de 10 sous sur la propriété de Bodin rue du Poivre-Bouilli ; avec cette condition que si les immeubles hypothéqués venaient à périr, ils seraient remplacés par d'autres, à estimation d'experts, et qu'en attendant le remplacement, la terre et la vigne répondraient du paiement du cens, et les 50 autres sous, non garantis par hypothèque, à payer 12 sous 6 deniers à la mi-mars, 12 sous 6 deniers à la Nativité de Saint-Jean-Baptiste, 12 sous 6 deniers à la Saint-Remy, 12 sous 6 deniers à Noël. Février 1225.— Amortissement accordé par Eustachie, abbesse de Saint-Paul de Beauvais à l'abbaye, d'une pièce de vigne de 4 arpents sise au lieudit Gonard, près des vignes de l'abbaye, provenant du legs de feu Jacques de Saint-Germain, chanoine, et sous-chantre de la cathédrale, et devant à Saint-Paul un cens de 6 sous parisis aux quatre termes d'usage à Beauvais, le dit amortissement accordé moyennant 60 livres tournois, avec cession par Saint-Paul à Saint-Quentin de sa part des dîmes de la Chapelle-sur-Poix (Somme), à condition de paiement d'un cens de 20 sous parisis payable à la Saint-Remy Septembre 1274.— Vidimus de l'officialité de Beauvais du mercredi 8 février 1283 d'une charte d'Eustachie, abbesse de Saint-Paul de Beauvais, accordant amortissement, moyennant 60 livres tournois, à l'abbaye de Saint-Quentin, d'une pièce de vigne de 4 arpents, sise au lieudit

Gonard, près des vignes de l'abbaye, provenant du legs de feu Jacques de Saint-Germain, chanoine, et sous-chantre de la cathédrale, et devant à Saint-Paul 6 sous parisis aux quatre termes usités à Beauvais, la dite charte cédant en même temps à Saint-Quentin la part des dîmes de Saint-Paul à la Chapelle-sur-Poix (Somme), moyennant un cens de 20 sous parisis payable à la Saint-Remi. Septembre 1274.

Faubourg Saint-Quentin. Pré Bérard.

Notification par l'évêque Pierre I de Dammartin du jugement des évêques suffragants de Reims intervenu sur la contestation mue entre l'abbaye de Saint-Lucien et celle de Saint-Quentin au sujet du pré Bérard, de la terre à gauche de la route de Saint-Quentin sise entre le verger des chanoines et la rivière, et d'une autre terre entre l'ancien cours d'eau et le nouveau, biens dont Giraud, abbé de Saint-Lucien, prétendait avoir la propriété constatée dans ses chartes et la possession autrefois au vu des moines, clercs, et laïques encore vivants, prétention repoussée par Raoul, abbé de Saint-Quentin, qui opposait l'occupation trentenaire, argument que l'abbé de Saint-Lucien cherchait à détruire en invoquant un prétendu procès soutenu au tribunal de l'abbaye, depuis moins de 30 ans, entre Pierre, abbé de Saint-Lucien, et Yves, abbé de Saint-Quentin, alors qu'il était déjà évêque de Chartres, qui aurait quitté l'audience, après le débat contradictoire, et avant le prononcé du jugement que réclamait l'abbé Pierre, procès nié par l'abbaye de Saint-Quentin ; en présence des quels contredits les arbitres hésitant et demandant un délai, l'évêque avait renvoyé les deux parties à comparaître avant le 7 octobre à Reims, devant la réunion des évêques suffragants, qui jugea, en présence de l'archevêque, la cause d'interruption de la prescription trentenaire invoquée par l'abbé de Saint-Lucien, non valable par la raison que l'affaire n'avait pas été portée au tribunal épiscopal, et adjugea la propriété des biens contestés à l'abbaye de Saint-Quentin, sans opposition de l'abbé de Saint-Lucien. 1118. — Confirmation par Raoul-le-Verd, archevêque de Reims, de la notification faite par Pierre I de Dammartin, évêque de Beauvais, de la contestation mue entre l'abbaye de Saint-Lucien et celle de Saint-Quentin, au sujet du pré Bérard, de la terre qui s'étend à gauche du chemin de Saint-Quentin à Saint-Lucien, du verger des chanoines à la rivière, et d'une autre terre sise entre l'ancien cours d'eau et le nouveau. — Confirmation par l'évêque Eudes II, du procès débattu devant lui par Raoul, abbé de Saint-Quentin, et Doubert, vidame de Gerberoy, touchant la terre sise devant la boucherie, et possédée par l'abbaye depuis plus de 40 ans, de la procuration donnée par Doubert à sa femme Odile de la représenter en la cause pour laquelle Yves, le prévôt de l'évêque, avait donné l'ajournement, devant qui, à l'audience, Doubert exposa que Hugues son beau-père était propriétaire de cette terre, qu'il l'hypothéqua, pour 10 livres, à un homme appelée Bérard, et, que la voyant possédée par l'abbaye, il voulait rembourser à Bérard l'argent prêté; l'abbé répondit qu'il ne connaissait ni Hugues, ni sa propriété, ni l'hypothèque par lui consentie, et non signifiée à l'abbaye par Doubert, que depuis 28 ans qu'il était abbé, il avait possédé cette terre, et qu'il en avait été de même de ses prédécesseurs Eudes et Wallon; il ajouta que les maisons existant sur la terre litigieuse avaient été brûlées deux fois, et rebâties par lui en même temps que toutes celles de la rue, sans protestation de Doubert ni de sa femme, habitant dans l'évêché, et pouvant venir à Beauvais tous les jours; qu'après ces débats contradictoires les juges avaient demandé délai pour examiner l'affaire, et qu'à une nouvelle audience, au moment où après avoir rédigé le jugement ils allaient le lire devant l'évêque, Doubert s'était refusé à l'entendre, et était sorti avec les siens. 1134. — Notification par Pierre, abbé de Saint-Lucien, de la transaction intervenue entre lui et Henri, abbé de Saint-Quentin, en présence de Henri I de France, archevêque de Reims, au sujet du pré Bérard, pour la propriété duquel celui-ci présentait comme titres une charte de Raoul-le-Verd, archevêque de Reims, et une autre de l'évêque Pierre, contestées par l'abbaye de Saint-

Lucien, transaction aux termes de la quelle Saint-Lucien cède à Saint-Quentin les deux arpents et demi de pré contigu à leur cour avec le fossé qui les borde moyennant un cens de 12 deniers payable à l'Epiphanie avec les 10 sous dus le dit jour. Reims, 1165.

Faubourg Saint-Quentin. Moulins.

Confirmation par l'évêque Geoffroi I de la vente de 9 hôtes et 3 maisons sises près le moulin de Rastel, sur la terre des veneurs Gobert et Raoul y consentant, faite à l'abbaye par le meunier Gosselin, avec assentiment de sa femme, de ses fils Erchenger, Robert et Bernier, et de ses filles Leiarde, femme de Garnier, et Elisabeth avec son mari Girard. 1109. — Chirographe, sous les sceaux de l'archevêque de Reims et de l'évêque de Beauvais, contenant l'exposé d'une contestation mue entre l'abbaye et celle de Saint-Symphorien au sujet du moulin sis sur la rivière qui coule près la première abbaye, divisé entre trois propriétaires, les deux tiers étant aux deux abbayes, et le troisième tenu d'elles par les meuniers qui avaient construit le moulin, auprès duquel était un pré que Saint-Symphorien disait avoir acheté, et avoir été donné à des hôtes par Saint-Quentin, qui s'en était approprié le tiers appartenant aux meuniers ; et la majeure partie de deux vinérages dont les deux abbayes étaient propriétaires dans le moulin, et pour lesquels les meuniers payaient seulement 3 sous à Saint-Symphorien ; desquels immeubles Saint-Symphorien réclamait tout le pré qu'elle soutenait avoir acheté, et la moitié du tiers du moulin, et des vinérages appartenant aux meuniers ; contestation pour laquelle les parties étaient venues bien des fois exposer leurs prétentions à l'évêque, au tribunal épiscopal, et dont elles avaient remis le jugement, la conciliation n'étant pas possible, à l'arbitrage de Renaud II de Martigny, archevêque de Reims, Gosselin de Vierzy, évêque de Soissons, et de quatre autres personnes, devant lesquelles se rendirent les parties, en la dite ville où avait lieu une réunion d'évêques de la province, et en reçurent la sentence arbitrale suivante : l'abbaye de Saint-Symphorien aura intégralement son tiers de moulin ; l'abbaye de Saint-Quentin aura le reste, et ce qu'elle a acquis quant aux prés, hôtes, vinérages ; elle paiera pour cela à Saint-Symphorien, à Noël, 2 muids de froment fait au moulin, et à Pâques, 2 sous en plus des 3 payés pour les vinérages ; l'abbaye de Saint-Symphorien ne pourra rien réclamer de plus dans le moulin ni rien acquérir à titre gratuit ou onéreux ; ce moulin sera non banal, mais exploité par les hôtes de Saint-Quentin, qui ne pourra établir dans le rayon d'une lieue, sans le consentement de Saint-Symphorien, moulin à eau ou à vent. 1136. — Vente par l'abbaye de Saint-Symphorien à Saint-Quentin d'un cens de 6 muids de froment à prendre en ses greniers, et 5 sous, moyennant 80 livres parisis. 1211. — Notification par l'abbaye de Saint-Symphorien de son obligation de demander à l'évêque la confirmation d'une convention intervenue entre elle et celle de Saint-Quentin au sujet de 6 muids de froment et 5 sous de cens. 1211. — Confirmation par l'évêque Philippe I de Dreux de la vente faite à l'abbaye par celle de Saint-Symphorien d'un cens de 6 muids de froment et 5 sous, moyennant 80 livres. 1212. — Sentence arbitrale de l'archevêque Henri I de Dreux sur la contestation mue entre les baillis de l'évêque Miles I de Nanteuil et l'abbaye au sujet de la prise faite par les baillis de l'évêque d'une somme de farine sur des banniers de l'abbaye, parce qu'ils étaient allé moudre dans Beauvais à un autre moulin qu'à celui de l'évêque et dehors, à celui de Miauroy, prise faite pour ce motif que ladite farine appartenait à l'évêque en raison de son droit de « refuge », prétention niée par l'abbaye soutenant que ses banniers avaient droit de moudre où ils voudraient avec son autorisation, ladite sentence ordonnant la confiscation de la farine à fin qu'à son sujet ne pût naître précédent de droit ou préjudice pour les parties qui acceptent ledit jugement. 1227-1234.

Faubourg Saint-Quentin.

Reconnaissance par l'évêque Miles de Nanteuil qu'à l'abbaye appartient le cens d'un enclos sis dans la paroisse de Saint-Quentin, au-delà du fossé, devant la poterne, au-dessus du cours d'eau, par où l'on va du faubourg Saint-Quentin à Beauvais, donné à cens par le dit évêque à Guérin Le Vaillant, bourgeois de Beauvais, qui y avait fait bâtir deux maisons. Octobre 1229. — Notification par le Chapitre de Beauvais d'une vente par Mathilde, veuve d'André Faber, et Michel son fils, clerc, à l'abbaye, d'une masure reçue en tenure à cens par André et sa femme de la dite abbaye, sise en la paroisse de Saint-Quentin, entre la maison de Jean Chartier et celle de Richer de Fortmanoir. Lundi 10 janvier 1260. — Vente, sous le sceau de l'officialité de Beauvais, par Gérard Vannier, clerc enlumineur, et Isabelle sa femme, à l'abbaye, moyennant 10 livres parisis, d'une maison sise à Saint-Quentin, entre la masure d'Herbert d'Herchies et la terre de l'abbaye, et tenue de celle-ci. Mardi 10 avril 1263. — Vente, sous le sceau du Chapitre, par Jourdan de Saint-Quentin, moyennant 8 livres parisis, de maisons avec courtil derrière, en la paroisse de Saint-Quentin, à la maison forte, sur le cours du Thérain, entre le manoir et le pourpris d'Eve sur la rivière, et celui qui fut à Geoffroi, plâtrier, tenues de l'abbaye à cens de 28 deniers, la dite vente consentie par le frère du vendeur Richard, chapelain de la cathédrale, Marie sa sœur, et Henri Coiffier, son mari. 24 décembre 1264. — Vente, sous le sceau de l'officialité de Beauvais, moyennant 7 livres 5 sous parisis, par Pierre Sommelier et Isabelle, sa femme, à l'abbaye, d'une maison sise en la paroisse de Saint-Quentin, entre la maison de Jean de Poix et celle de Guiard de Fontaines, mouvant de la dite abbaye. Lundi 2 novembre 1269. — Vente, sous le sceau de l'officialité de Paris, par Thomassin de la Serre et Hubert son frère, fils de feu Daniel de la Serre, lombard, d'une maison sise à Saint-Quentin, entre la maison de Raoul de Juvignies, et celle de Girard Le Wete, moyennant 10 livres parisis payables par termes, et 60 livres pour terminer tous différends avec les dits frères à raison d'affaires entre leur père et l'abbaye. Jeudi 25 octobre 1274. — Vente, moyennant 15 sous parisis, sous le sceau de l'officialité de Beauvais, par Eudes de Balagny, aubergiste, et Alix, sa femme, et les héritiers de défunts Guillaume de la Commune et Leiarde sa femme, de maisons qui furent à feu Jean de Catheux, sises à Saint-Quentin, entre la maison de Robert Leroux, et celle de Jean d'Hétomesnil, charpentier. Avril 1284. — Acensement, sous le sceau de l'officialité de Beauvais, par l'abbaye à Guillaume, charpentier, de Saint-Quentin, et Jeanne sa femme, des maisons de feu Jean de Catheux, sises entre la maison de Jean d'Hétomesnil, charpentier, et celle de feu Robert Leroux, moyennant 8 sous parisis, moitié pour l'abbaye, moitié pour l'autre prévôté, payables aux termes d'usage de Beauvais, avec engagement de faire reconstruire les dites maisons, et de les tenir en bon état de réparation, et hypothèque donnée pour le paiement du cens sur une maison spécialement, qu'ils habitent, sise entre la maison de Mathieu Le Wete et celle d'Asseline de Suillies à Saint-Quentin. Octobre 1284.

Beauvais. Rue de la Boucherie.

Confirmation par l'évêque Geoffroi Ier à l'abbaye de la vente faite par Garnier Esland et Ilberge sa femme, avec consentement de ses sœurs, de ses neveux, et de Gobert d'Oldure, de la maison sise devant la boucherie, en la terre d'Aimery le touloier consentant ; — de la vente d'une autre maison faite par Raoul, fils de Mangot, dans la rue Geoffroi Lenoir, avec bail ensuite à lui consenti de la dite maison moyennant 14 sous, le paiement du dit cens, et la charge des réparations ; — de la vente faite par Ingon Leroux de 3 hôtes payant 5 sous par an, et dont l'habitation est sur le cours d'eau passant derrière la rue des Fourbisseurs ; — de la vente de 2 hôtes de l'autre côté de l'eau par Gobert, fils de Rohard, dont l'un paie tous les ans 2 sous, et l'autre 12 deniers, 2 chapons, 2 pains et

2 setiers de vin ; — de la vente faite par Pierre, fils de Mangot, de 3 hôtes demeurant en la rue de Saint-André, près la maison de Pierre, payant tous les ans 4 sous, et d'un cens de 20 deniers sur deux places qui sont près l'église de Saint-André, sur la terre d'Adam, fils de Gosselin ; — et de la donation d'Amaury d'Auteuil d'un mesnil près d'Auteuil, avec réserve seulement de l'obligation pour les hommes demeurant au dit lieu d'aller à son moulin. 1113. — Notification par le Chapitre d'une vente faite par Laurent Buffez à Evrard Morard, avec consentement d'Agnès sa femme, de 11 sous de cens sur son étal sis près de celui de Garnier Tribuef, ledit étal provenant de la dot d'Agnès. Mars 1210. — Notification par Roger, chanoine, et Thomas, officiaux de Miles Ier de Chatillon-Nanteuil, évêque de Beauvais, d'une transaction intervenue sur une contestation mue entre l'abbaye, et Jean Meinart, bourgeois de Beauvais, touchant un étal sis dans la boucherie de Beauvais, divisé en deux parties, l'abbaye prétendant que à feu Wibert Meinart, père de Jean, elle avait donné le dit étal pour sa vie, moyennant un cens de 16 sous, avec retour de l'étal à l'abbaye en cas de décès, pour que celle-ci put augmenter la redevance, en faisant à un tiers une nouvelle location, ou faire de l'immeuble ce qu'elle voudrait ; prétention contredite par Jean Meinart ; la teneur de la transaction portant que : Jean Meinart à ses 16 sous en ajoutera 8 pour le cens du dit étal, qu'il fut partagé ou non en plusieurs parties, c'est-à-dire qu'il paiera 24 sous lui et ses héritiers. Avril 1223. — Donation, sous le sceau de l'officialité de Beauvais, à l'abbaye par Jean de Mouy et Pierre son frère, bourgeois de Beauvais, et Marie sa femme, d'un cens de 4 sous sur 20 qu'ils avaient sur l'étal de Pierre Saquet, sis à la halle de Beauvais, entre celui de Thomas Centmars et celui de Raoul Moilon, devant la maison de la chaussée, avec vente des 16 sous restant au dit Chapitre, moyennant 18 livres parisis, dont 10 seront données à Marie sa femme en remploi de son action dotale sur le dit cens, qui ne sera payé à l'abbaye qu'après 10 autres sous dus à un autre créancier. 6 février 1242. — Donation, sous le sceau du Cha-

pitre, à l'abbaye, par Alisie, veuve de Thibaud Strabon, et Jean et Pierre ses fils, bourgeois de Beauvais, d'un cens de 3 sous sur 11 qu'ils avaient à la halle de Beauvais, sur deux étaux d'Henri Capet, l'un sis entre l'étal de Lancelin Rapine et celui de Regnier d'Origny, et l'autre entre l'étal de Lancelin et celui de Philippe Centmars, avec vente des 8 autres sous à la dite abbaye, moyennant 8 livres 10 sous parisis. Mercredi 19 février 1242. — Bail à cens, sous le sceau de l'officialité de Beauvais, par l'abbaye au boucher Renaud Capet d'un étal qui fut à feu le boucher Gui Michel, sis devant les Boursiers? de Beauvais, entre l'étal de Renaud Capet et celui de Guillaume Rapine, moyennant 8 sous parisis, payables aux quatre termes d'usage, et la charge de dépenser 40 sous parisis en réparations au dit étal dans l'espace d'un an. Juin 1281.

Beauvais. Rue des Flageots.

Vente, sous le sceau du Chapitre, par Philippe Leroux, bourgeois de Beauvais, et Eufémie sa femme, à l'abbaye, d'un cens de 20 sous à payer à l'abbaye aux quatre termes d'usage à Beauvais, sur sa maison sise en la paroisse Saint-Sauveur, rue Pierre au Crocq, entre la maison de Marie fille de feu Garnier Aleaume, et celle de M. veuve de Gautier Engengier, moyennant 16 livres parisis. Août 1234. — Vente, sous le sceau du Chapitre, par Jean Saunier, bourgeois de Beauvais et Eveline sa femme, à l'abbaye, d'un cens de 40 sous parisis, venant de la succession de Pierre Baboin, frère d'Eveline, sur une maison d'Adam Baboin le jeune, sise rue au Crocq, entre la maison d'Eudes Louvel, et celle de Jean de Thury, la dite vente faite moyennant 30 livres parisis, et munie de l'engagement d'Adam Baboin et Jeanne sa femme de payer à l'abbaye aux quatre termes d'usage à Beauvais, le dit cens rachetable, la totalité moyennant 40 livres parisis, et la moitié moyennant 20 livres. Lundi 18 mars 1258.

Beauvais. Rue Jocelin.

Vente, sous le sceau de l'officialité de Beauvais, moyennant 40 sous parisis, par Pierre Teintennoir, et Eufémie sa femme, à l'abbaye, d'un cens de 3 sous 9 deniers sur sa maison et dépendances sise rue Jocelin, au puits Jocelin, entre la maison d'Agnès du Puits et celle de Denys l'écrivain, de Cornouailles, qui fut à Guillaume Polart, avec 3 autres deniers, le dit cens payable aux termes d'usage à Beauvais. 22 décembre 1269.

Beauvais. Rue Robert-le-Diable.

Acensement, sous le sceau du Chapitre de Beauvais, par l'abbaye à Hugues de Cuignières, bourgeois de Beauvais, et Marie sa femme, de la maison de leur chanoine Soyer de Bannen, dans la rue de Pitewason, sous le moulin du Rastel, avec ses dépendances, moyennant 35 sous, à cette condition que de ces 35 sous, Hugues et sa femme doivent racheter 5 sous, moyennant 4 livres parisis, à la Saint-Remy prochaine, et, aux deux suivantes, pareilles sommes moyennant pareils prix, en sorte qu'elle leur restera moyennant 20 sous. Avril 1226. — Vente, sous le sceau du Chapitre, par Jean de Rocquemont de la paroisse de Saint-Vaast, et Colaye de Cempuis sa femme, à l'abbaye, moyennant 50 sous parisis, d'un surcens de 4 sous et demi payable aux quatre termes usités à Beauvais, sur deux maisons avec deux pandoirs en dépendant, sises en la rue Robert-le-Diable, en Pitewason, entre le manoir et pourpris de Robert Arrachecœur, venant de l'héritage du dit Jean, et devant à l'abbaye un cens de 3 sous parisis et demi, la dite vente munie de la renonciation par la femme à son action dotale sur l'immeuble. Avril 1256.

Beauvais. Rue Saint-André.

Reconnaissance, devant l'officialité de Beauvais, envers l'abbaye par Nicolas de Saint-Paul, d'un cens de 12 sous parisis sur la maison de feu Robert-le-Teinturier, dans la rue de Saint-André, entre la maison de Michel-le-Médecin et celle de Jean de Saint-Paul, payable aux quatre termes d'usage à Beauvais. Mercredi 31 janvier 1263.

Beauvais. Rue Sybille de Warluis.

Donation, sous le sceau du Chapitre, par Renaud de Troussures, barbier, à l'abbaye, d'un cens de 4 sous et 1 obole payable aux quatre termes d'usage à Beauvais, dont 15 sous sur la maison de Pierre de Talmontier, dans la rue de Sybille de Warluis, 15 deniers sur celle de Noël d'Aumale en la même rue, 18 deniers 1 obole sur celle de Pierre Johanne en la même rue, maisons sises entre la maison d'Herbert le poissonnier et celle de Robert de Marissel, dont la jouissance prendra commencement après la mort de Renaud, la dite donation consentie par Pierre de Talmontier, Noël d'Aumale, et Pierre Johanne. Mai 1255. — Vente, sous le sceau du Chapitre, par Renaud de Troussures, barbier, à l'abbaye, d'un cens de 4 sous et 1 obole payable aux quatre termes d'usage à Beauvais, dont 15 deniers sur la maison de Pierre de Talmontier dans la rue de Sybille de Warluis, 15 deniers sur la maison de Noël d'Aumale en la même rue, et 18 deniers 1 obole sur la maison de Pierre Johanne dans la dite rue, lesquelles maisons sont sises entre la maison d'Herbert, poissonnier, et celle de Robert de Marissel, la dite vente faite moyennant 20 sous parisis. Septembre 1258. — Reconnaissance, devant l'officialité de Beauvais, par Guiard de Villers envers l'abbaye d'un cens de 6 deniers à la Saint-Remy sur sa maison sise rue Sybille de Warluis près celle de Robert de la Chaussée, payés annuellement par Robert de la Ruelle. Lundi 12 mars 1268.

Beauvais. Divers.

Notification par l'évêque Geoffroi Ier du bail par l'abbaye à Landulfe, frère de Nantier, d'une maison de pierre vendue par Landulfe à l'abbaye, près le cimetière de Saint-Vaast, avec la terre qui va de la dite maison jusqu'à la route de l'autre côté, avec concession au preneur de faire bâtir une autre maison sur le terrain vide, et d'habiter les deux, moyennant un loyer de 30 sous dont 15 à la Saint-Remy, et 15 à la mi-mars, sous peine d'une amende, et ensuite de l'expulsion, et sous les conditions suivantes : l'abbaye paiera le cens en l'acquit de Landulfe qui le remboursera; Landulfe rendra les redevances à qui elles sont dues; il couvrira les deux maisons quand besoin en sera; il fera à ses frais, et sans diminution de loyer, les réparations et restitutions nécessitées par la vétusté et toute cause de destruction, même l'incendie; l'héritier du preneur viendra trois jours après son décès entendre lecture de ses conventions à l'abbaye, et payer, s'il les accepte, 3 sous, et pourra alors entrer en jouissance ; en cas d'infraction d'une de ces clauses, et de refus de paiement de l'amende encourue, le preneur sera déchu du droit de bail à lui consenti. Beauvais, 25 mars 1113. — Chirographe contenant remise en gage à Raoul, abbé de Saint-Quentin, par Jean, fils de Sybille, d'une somme de 8 livres de monnaie beauvaisine à condition de ne pas lui payer à la Saint-Remy un cens de 15 sous sur une maison au marché et une autre contiguë qu'il avait achetée de l'abbaye, avec faculté de transporter le dit cens à Beauvais sur un autre immeuble suffisant quand et où il voudrait, le dit engagement fait à la condition que le cens ne serait pas dû à la Saint-Remy, que si après cette fête la restitution n'était pas faite, le cens serait dû; que si elle ne l'était pas avant Pâques, il ne le serait pas, condition à observer chaque année pendant toute la durée de l'engagement, et jusqu'à l'achat par Jean d'un cens suffisant et sûr, après avertissement donné à l'abbaye, qui toutefois ne pourra le percevoir qu'après avoir rendu les 8 livres. 1124. — Notification par l'évêque Pierre I de Dammartin du bail à surcens fait par l'abbé Raoul à Garnier d'une maison à Beauvais, sur le cours du Thérain, en la terre de Robert, chanoine du Chapitre cathédral, moyennant 12 sous et le cens à payer à Robert, et aux conditions suivantes : si Garnier ne paie pas le cens de Robert, l'abbaye le paiera, et saisira la terre jusqu'à ce que le débiteur ait donné le cens avec amende et indemnité ; si Robert consent à ce que le cens soit payé par Garnier à l'abbaye, celle-ci le recevra, et le rendra au créancier ; si Garnier vend la maison, Robert aura les droits de vente qui n'appartiennent pas à l'abbaye ; l'acheteur sera soumis à ces conditions. 1128. — Bail à surcens par Raoul, abbé de Saint-Quentin, à Garnier Sachet, d'une maison sise à Beauvais, sur le Thérain, dans la terre de Robert fils de Dieudonné, acquise en échange par l'abbaye de Jean, fils de Sybille, moyennant 12 sous et 12 deniers, dont 6 sous à la mi-mars et 6 à la Saint-Remy, et les 12 deniers à la Saint-Remy, et les chapons à Noël, avec pain et vin à donner à Robert pour le cens de la maison ; et sous l'obligation de faire tradition de la maison en bon état de réparations. 12e siècle.— Donation à l'abbaye, sous le sceau du Chapitre de Beauvais, par Ermesinde Bégoule, de la paroisse Saint-Gilles de Beauvais, d'un cens de 10 sous sur la maison qu'Ermesinde et son premier mari avaient acquise à l'entrée de la rue Saint-Gilles. Mars 1226. — Donation, sous le sceau de l'officialité de Beauvais, par Ligarde de Sartine, à l'abbaye, d'un cens de 10 sous parisis sur la maison d'Alix Martaine dans la rue sur le Vivier, payable aux quatre termes d'usage à Beauvais. Samedi 20 octobre 1229. — Vente, sous le sceau du Chapitre, par Gérard de la Chaussée, bourgeois de Beauvais, et Marie sa femme, au Chapitre, d'un cens de 10 sous parisis sur la maison qui fut à Robert Peket, en la paroisse de Saint-Thomas, aux quatre termes d'usage à Beauvais, moyennant 70 sous parisis. Novembre 1234. — Vente, sous le sceau du Chapitre, par Pierre Baudouin et Pétronille sa femme, à l'abbaye, d'un cens de 18 sous sur la maison du curé de Saint-Hippolyte de Beauvais, sise en la grande maison du presbytère de Saint-Hippolyte et celle de Raoul marguillier qui fut à Gui l'huissier, comme elle se comporte depuis le cours du Thérain par devant jusqu'à la ruelle de l'hôpital, la dite vente faite moyennant 16 livres parisis, et consentie par les enfants des vendeurs Raoul, Jean clerc, Philippe, et Barthólemy. Samedi 10 octobre 1247. — Vente, sous le sceau de l'officialité de Beauvais, par Jean, maire de Wagicourt, et Aélide sa femme à l'abbaye, d'un cens de 20 deniers sur la maison qui fut à Baudouin le corroyeur, entre la maison de Laurent, mercier, et la masure qui fut à Laurent Beau le fils, moyennant 20 sous parisis, le dit cens foncier provenant d'Aélide. Jeudi 5 décembre 1247. — Vente, sous le sceau du Chapitre, à l'abbaye, par Marguerite, veuve de Pierre de Ons, bourgeois de Beauvais, d'un cens de 19 sous parisis, payable aux quatre termes d'usage à Beauvais, sur la maison de Marguerite, sise au pont de la Warenche, entre la maison de Christophe Mauger, et une autre maison de la dite veuve qui fut à Philippe Beaulevrier, la dite vente faite moyennant 15 livres parisis, avec promesse de la venderesse de payer la dite redevance à l'abbaye, seigneur du fonds. Mars 1258. — Vente à l'abbaye, sous le sceau du Chapitre, par Philippe de Basset, clerc, et Philippe Fabert, bourgeois de Beauvais, agissant sur les conseils de Pierre Flatel, exécuteurs testamentaires de Guillaume de Basset, frère de feu Philippe, d'un cens de 42 sous 1 denier parisis que Guillaume de Basset avait acquis sur les aires de Saint-André, savoir sur celle d'Arnoux Evroin sise dans le clos à Godebert entre le plateau des prés et le tour de la rivière 6 sous, sur celle de Jean l'Anglais sise dans le clos susdit 45 deniers, sur celle de Marie Godeberthe et Laurent son frère 4 sous, sur celle de Garnier Godebert, sise dans le clos susdit 5 sous, et sur les deux que tient Aymard du Metz dans le dit clos, 5 sous, et sur le clos que tient Gilbert de Saint-Maxien, et qui fut à Robert l'Anglais 12 sous, et sur la terre d'Oger sise près la terre de Reyntrude que tient Gilbert 40 deniers, et sur la terre qui fut à Oger que tient Laurent de Saint-Maxien près la terre de Gilbert 3 sous, moyennant 31 livres parisis, et un cens de 4 sous à donner par l'abbaye pour un festin le jour de l'anniversaire de Guillaume. Dimanche 26 décembre 1260. — Vente, sous le sceau de l'officialité de Beauvais, par Vincent Lecamus et Béatrix sa femme à Anseau, clerc de Saint-Quentin, de deux maisons sises en la paroisse de Sainte-Marguerite, entre la maison de Richard de Hécamp, et celle de Suzanne de Cuignières, moyennant 4 livres parisis. Juin 1270. — Vente, sous le sceau de l'officialité de Beauvais, par Helwide de Troissereux, veuve, et Colard et Guillaume ses fils, au clerc Anseau de Clermont, d'une maison avec un courtil, sise en la paroisse Sainte-Marguerite, entre la maison d'Herbert, cordonnier, et celle de Julienne de Saint-Paul, tenue de l'abbaye à cens de 22 deniers et 1 obole à payer au prévot de l'abbaye, la dite vente faite moyennant 69 sous parisis. Dimanche 7 février 1272. — Donation, sous le sceau de l'officialité de Beauvais, par Pierre de Noyères à l'abbaye, pour la célébration de son anniversaire, d'un cens de 2 sous parisis, payables aux quatre termes d'usage à Beauvais, sur sa maison sise place Saint-Gilles, entre celle de Pierre Hernaud et celle de Martin Oulgier. Mercredi 22 avril 1282.

Cambronne.

Transaction, sous le sceau de l'officialité de Beauvais, entre l'abbaye et Jean, fils de feu Pierre Casset de Cambronne, au sujet d'une vigne de 2 arpents sise à Cambronne que le dit Pierre tenait de l'abbaye à cens d'un muid et demi de vin, et que son fils avait défrichée, ce qui lui avait fait cesser le paiement depuis 6 ans et plus, arrérages que réclamait l'abbaye avec demande que la vigne fut replantée et tenue en tel état que la redevance pût en être payée, la dite transaction portant que l'abbaye fera remise à Jean des années dues, et que celui-ci lui rendra la vigne qu'il a convertie en terre labourable. Septembre 1239.

Domélien (Royaucourt).

Notification par Jean, abbé de Corbie, de l'acensement fait à son abbaye par Raoul de la Cingle de son avouerie de Domélien, moyennant 6 sous de monnaie de Montdidier, payables tous les ans à l'Epiphanie, en la maison du maire de Domélien, avec promesse de garantie faite par le dit seigneur. 1162. — Notification par l'évêque d'Amiens, Thibaud, de la transaction intervenue entre l'abbaye de Corbie et Renaud du Bois, chevalier, sur une contestation mue entre les parties touchant l'avouerie de Domélien, et le cours d'eau qui est au-dessous de la chaussée qui sépare la rivière de Ribécourt (Somme) de celle de Domélien, la dite transaction contenant les clauses suivantes : Renaud du Bois, du consentement de sa femme Elisabeth et de ses héritiers, cède à l'abbaye tous ses droits sur l'avouerie de Domélien, et le vivier qui est au-dessous de la chaussée ; il donne à l'abbaye, pour réparer la chaussée du moulin, moyennant un cens d'un denier de monnaie courante, la carrière, en prenant soin que l'eau qui vient de son vivier ne puisse couler que dans le vivier de l'abbaye. 1186. — Transaction entre Jean de Maignelay et Pierre de Séchelles, chevaliers, et l'abbaye de Corbie, sur une contestation mue entre les parties touchant une voie à l'issue de Domélien, entre les marais des chevaliers et les terres de l'abbaye, allant de Domélien à Ayencourt (Somme), que les dits seigneurs prétendaient être non un chemin, mais une piécente assise en leur terre, et sur la quelle ils disaient avoir justice et seigneurie tant par droit que par usage, et que l'abbaye prétendait être au contraire un grand chemin lui appartenant en toute possession et propriété sans partage, la dite transaction portant que la propriété et possession du chemin, ainsi que les droits et profits de la seigneurie et justice seraient en communauté entre l'abbaye et les chevaliers ; que cette voie aurait 13 grands pieds de large entre les bornes à placer devant les marais des seigneurs et les terres de l'abbaye ; et qu'il devrait y avoir un fossé de 4 pieds de large ou plus pour clore ces dites terres ; et que les hommes de l'abbaye et de Pierre de Séchelles à Domélien et à Ayencourt auront droit de passage et paturage au dit chemin, eux, leurs familles, et bêtes. Octobre 1300.

Fourneuil.

Confirmation par l'évêque Pierre I de Dammartin de la donation faite à l'abbaye de la terre de Fourneuil, par Chrétienne, veuve d'Hugues Farci, le jour de l'enterrement de son mari à Saint-Quentin, avec consentement de ses fils, par Asceline sœur d'Hugues, avec son mari Urbain, par Hugues chantre de la cathédrale, et Pierre son frère chanoine de la collégiale de Gerberoy, chacun pour un quart, la dite donation également consentie par Pierre fils d'Adam, et Pierre du Marais qui tenait ce fief de l'évêché de Beauvais. 1130. — Vente, sous le sceau de l'officialité de Beauvais, par Arnoux de Fourneuil, et Helwide sa femme, Gautier le Petit, et Jean de Maisoncelle ses frères, Gile, sœur d'Arnoux, et Hersinde, femme de Jean, à l'abbaye, d'une pièce de terre de 3 mines, tenue de l'abbaye à cens de 7 deniers et 2 mines d'avoine, sise à Fourneuil, près du domaine de l'abbaye, qui fut à Amobert de l'Angle, père d'Arnoux, et de ses frères et sœur, moyennant 6 livres 17 sous parisis, la dite vente munie de la renonciation d'Helwide et Hersinde, femmes d'Arnoux et Jean à leur action dotale sur l'immeuble vendu. Janvier 1232. — Sentence arbitrale du chanoine Roger et de l'official Thomas sur une contestation mue entre l'abbaye de Saint-Quentin et Henri Agnier, et Marguerite sa femme, touchant un cens de 15 sous réclamé par l'abbaye sur une maison sise rue des Fourbisseurs, occupée par Henri et sa femme, et donnée à l'abbaye par Jean, père d'Emmeline, la dite sentence fixant à 8 sous le dit cens à payer par quart aux quatre termes de la Saint-Remy, Noël, la mi-mars, et la Nativité de Saint-Jean. 1233. — Sentence de l'officialité de Beauvais maintenant l'abbaye en propriété et possession de 8 mines de terre à Fourneuil revendiquées contre elle par Aie de Maisoncelle, comme lui appartenant du chef de Godelerie, sa sœur, à qui elles étaient venues par succession de son père ou sa mère, prétention contredite par l'abbaye qui soutenait que donation lui avait été faite par la dite Godelerie de cette terre, et qu'elle en avait eu possession pendant 10 ans, affirmation niée par la demanderesse qui répondait qu'au décès de Godelerie la terre était encore à elle, et que même la donation admise, elle ne pouvait être reconnue que pour un cinquième, sa sœur ne pouvant disposer d'une plus grande quotité. Samedi 14 janvier 1234. — Vente, sous le sceau du Chapitre, par Jean Fournier et Agnès, sa femme, du Plouy-Saint-Lucien, à l'abbaye d'une pièce de terre contigue au domaine qui appartient à la mairie de Fourneuil, et d'une autre pièce de terre sise sur la terre de Robert Reninet joignant au domaine de l'abbaye, moyennant 13 livres parisis. Avril 1255. — Vente, sous le sceau du Chapitre, moyennant 55 sous parisis, par Jean fils de Thomas de Fourneuil, et Mathilde sa femme, à l'abbaye d'une pièce de 2 mines de terre sise à Fourneuil, entre la terre de l'abbaye et celle de Philippe Asnier, mouvant de la dite abbaye. 2 novembre 1255. — Résiliation, sous le sceau du Chapitre, entre Angot, prévôt de l'abbaye, et son fermier de Fourneuil, Geoffroi de Guignecourt, du bail fait à ce dernier qui n'avait pu en remplir les obligations de réparer les bâtiments, cultiver en bon père de famille, payer le loyer, pour le défaut des quelles obligations, il se reconnaissait redevable de 20 livres parisis, et 50 muids et demi de grain, mesure de Saint-Quentin, la dite résiliation faite moyennant abandon pour l'année passée par le preneur au bailleur de 3 chevaux avec leurs chariots, charrues, et instruments accessoires en fer, 2 mines de terre au terroir de Fourneuil aux haies Hardouin, près les terres de l'abbaye, mouvant d'elle avec 9 porcs, une vache, un veau, une couverture, un oreiller, un pot de cuivre, un de fer, deux plats de fer, deux chaudrons, et tous ustensiles, meubles, grains, fruits, et provisions, qu'avait Geoffroi dans la dite ferme, et l'obligation pendant l'année présente de nourrir tous les animaux sus dits avec les hommes et les serviteurs de la ferme ; de les payer, et de cultiver les terres, moyennant quoi quittance est donnée au locataire. Mardi 26 décembre 1279.

Hétomesnil.

Notification par Pierre, abbé de Saint-Symphorien de Beauvais, de la convention conclue entre lui et l'abbaye, aux termes de laquelle Saint-Symphorien cède à Saint-Quentin son tiers dans le moulin du faubourg de ce nom, abstraction faite de la part des meuniers, et le cens de 2 muids de grain sur le grenier de l'abbaye, et reçoit en échange remise d'un muid de grain qu'elle devait sur la terre d'Hétomesnil, et un cens de 6 muids de blé méteil, mesure de Beauvais, payable à la Saint-Hilaire, après Noël, au grenier de Saint-Quentin, et garde le cens de 5 sous dû par la dite abbaye, la veille de Pâques. 1210.

La Bruyère (Aisne).

Notification par le chanoine Geoffroi de Joigny et l'official Evrard de Rosoy, arbitres d'une contestation mue entre l'abbaye et celle de Notre-Dame de Breteuil, remise par autorité pontificale au jugement de l'abbé de Saint-Quentin, du trésorier de Saint-Prix de Saint-Quentin, et de l'écolâtre, puis déférée à celui des dits arbitres, d'un accord intervenu entre les parties aux termes du quel l'objet du litige, c'est-à-dire un muid de froment prétendu par Saint-Quentin, est reconnu par l'abbaye de Breteuil, qui s'engage à le payer à la Saint-Remy sur sa grange de Bruyères (Aisne), le dit muid provenant d'une charte de donation faite à Saint-Quentin par la mère de Jean, seigneur de Conty. Juillet 1225.

La Houssoye.

Notification par le chanoine Amaury de Gaillonel de la remise faite à l'arbitrage de l'archidiacre Thomas de Soissons, sous peine d'une amende de 60 livres pour les parties en cas d'inobservation, d'une contestation mue entre lui et l'abbaye, au sujet d'un cens de 60 sous parisis à La Neuville-sur-Auneuil et La Houssoye, légué à l'abbaye par Adam, doyen du Chapitre cathédral, puis chanoine de l'abbaye, frère de feu Pierre d'Auneuil, archidiacre de Beauvais, qui avait confirmé le legs comme héritier, le dit cens à employer par tiers pour les anniversaires d'Adam, d'Hugues son père, et Mabilie sa mère, la contestation portant sur ce point que l'abbaye prétendait que le cens devait être payé par le chanoine, comme héritier du doyen et de l'archidiacre, et que celui-ci soutenait qu'il était dû le lendemain de Noël par le seigneur des dites terres avec faculté de le déplacer. Janvier 1285.

La Morlière.

Concession par Renaud de Nesle à l'abbaye par charte passée chez Raoul, chatelain de Nesle, pour elle et ses hotes de La Morlière, de l'exemption de la moyenne justice de l'usage dans le bois des Fouées suivant leur nécessaire, de la justice dans la ferme quant aux revenus, à condition pour les hotes de payer annuellement 12 deniers par charrue au dit seigneur, une corvée de 3 jours sur la terre pour le charroi du vin, et la redevance de bois à Montdidier, pour le manquement des quelles obligations, le dit seigneur ni son prévôt n'auront le droit de faire justice immédiatement, mais de l'exercer sur les biens des délinquants saisis, au dehors, sur la terre de Renaud. 12e siècle. — Partage, sous le sceau de Raoul de Clermont, entre lui, l'abbaye, et Jean de Cardonois (Somme), du bois des Fouées, avec le consentement juré des hommes de La Morlière et de Welles, suivant lequel la part propre de l'abbaye dans ce bois lui demeure distincte et séparée de la communauté; les hommes de La Morlière et ceux de Welles, chacun, ont 6 mines de bois à 90 verges à la mine; et le reste est divisé en trois parts, dont l'une appartenant à l'abbaye telle qu'elle était antérieurement et de plus actuellement composée de fractions prises sur les autres parts, est contiguë à celle des hommes de La Morlière; la seconde au comte de Clermont reste contiguë à celle des hommes de Welles ; et la troisième à Jean de Cardonois est distincte. Juin 1219. — Notification par Jean de Cardonois du dit partage, avec déclaration que l'abbaye et ses hommes de La Morlière ne pourront sur sa part, sur celle de Raoul de Clermont, et des hommes de Welles, rien réclamer que la dîme, et les co-partageant rien revendiquer sur la part de l'abbaye et des hommes de La Morlière si le bois venait à périr. Juin 1219. — Donation, sous le sceau de Nicolas, doyen de Montdidier, par Bernard de La Morlière, et Roscie sa femme, à l'abbaye de 6 mines dans le bois des Fouées tenues à cens de la dite abbaye, avec cession par le mari à sa femme, pour récompense de son action dotale sur le dit bois, de 6 mines de terre au chemin de La Morlière à Crévecœur. Juillet 1225. — Echange, sous le sceau de Obert, doyen de Montdidier, entre Bavon de La Morlière et Tiesse sa femme d'une part, et l'abbaye, d'un bois de 3 mines tenu par Bavon de l'abbaye, près les Fouées de Welles, à cens d'une obole payable à la Saint-Remy, cédé par le dit seigneur contre une terre à la croix Warin, au terroir de la Morlière, allant d'une borne à l'autre, tenue de l'abbaye à cens d'une obole à la Saint-Remy, le dit échange accompagné du transport de l'action dotale de la femme du bois sur la terre. Septembre 1227. — Notification par Obert, doyen de Montdidier, d'une vente faite par Léger de La Morlière et Clémence sa femme, à l'abbaye, de 3 journaux de bois au terroir de La Morlière, près les Fouées, la dite vente accompagnée de la donation faite à Clémence par son mari, en indemnité de son action dotale, de 2 mines de terre au terroir de La Morlière, lieudit Les Routis, et 2 autres mines de terre au même terroir près le chemin de Ferrières. Décembre 1227. — Vente, moyennant 40 sous parisis, sous le sceau de G... doyen de Montdidier, par Pierre de La Morlière et Ermosende sa femme, à l'abbaye de 2 mines de terre en une pièce, au terroir de La Morlière, près le Fay de Sains, la dite vente accompagnée du transport de l'action dotale de la femme sur 2 journaux et demi de terre sis au terroir de La Hérelle, sous le moulin. Janvier 1260. — Notification par Etienne, abbé de Moreuil, de la sentence arbitrale de Guillaume, chapelain de La Hérelle, et Hugues de Longbus, chevalier, sur une contestation mue entre la dite abbaye et celle de Saint-Quentin, et déférée par autorité pontificale à G... doyen, Déodat, et Raoul de Mouy, chanoines du Chapitre cathédral de Beauvais, au sujet des dîmes de 10 mines de terre au terroir de La Morlière, sous le Fay de Sains, réclamées par Saint-Quentin sous cette raison qu'elle avait mis ces terres en culture, et qu'elle avait le privilège de la dîme novale, la dite cause ayant été ensuite remise aux arbitres, sous peine de 10 marcs, en cas d'inobservation pour la partie contrevenante, cette sentence accordant la propriété de ces dîmes à Saint-Quentin. Dimanche 24 août 1231. — Notification par Jausiau de Nesle, chevalier, seigneur de La Hérelle, de la concession à lui faite ainsi qu'à ses ayant cause par l'abbaye du droit exclusif de chasse dans le bois des Fouées, avec renonciation au droit de défricher, sans le consentement du seigneur concessionnaire. Décembre 1248. — Vente, sous le sceau de l'officialité d'Amiens, par Raoul l'Empereur, et Laurence sa femme, à l'abbaye, moyennant 11 livres parisis, de 4 mines de terre au terroir de La Morlière, près le Was, en une pièce, entre la terre de l'abbaye et celle de Raoul, et 4 journaux et demi de bois près les Fouées, en une pièce, entre le bois de l'abbaye et celui de Roger de La Morlière, la dite vente accompagnée de la cession à Laurence par son mari en remploi de son action dotale, de 7 mines de terre au dit terroir en 2 pièces, la première sise au Was, contenant 2 mines, entre la terre vendue et celle de Marie Cristofle, et la seconde sise près La Tuilerie entre la terre de l'abbaye et celle de Raoul Favre contenant 5 mines. Avril 1256. — Vente, sous le sceau de l'évêché d'Amiens, par Roger de La Morlière et Marguerite, sa femme, à l'abbaye, d'une mine de bois sis aux Fouées de Welles, moyennant 40 livres parisis, avec transport de l'action dotale de la femme sur 9 mines de terre près le dit bois et le manoir de son mari sis à La Morlière où ils habitent, la dite vente munie du consentement du prêtre Jean, frère de Roger. Samedi 2 juin 1257. — Vente, sous le sceau de l'officialité d'Amiens,

à l'abbaye, moyennant 16 livres parisis, par Raoul de La
Morlière, et Ade sa femme, de 3 journaux de bois au terroir de La Morlière, en une pièce, près le bois de l'abbaye,
et près la terre d'Aubert d'Abbémont, tenu par l'abbaye,
la dite vente accompagnée du transport de l'action dotale
de la femme sur 3 mines de terre au dit terroir en une
pièce près du dit bois vendu. 6 novembre 1264. —
Vente, sous le sceau du doyenné de Montdidier, par Enguerrand Hagonbans et Marguerite sa femme, à l'abbaye,
de 30 verges de terre en une pièce, au terroir de La Morlière, près le moulin à vent, avec transport de l'action dotale de la femme sur une demie mine en une pièce au dit
terroir, cette vente faite moyennant 30 sous parisis. Samedi
1er juillet 1273. — Notification par Etienne, abbé de Saint-
Vaast de Moreuil, à l'officialité d'Amiens, du bail fait par le
prieur Pierre d'Amiens, son procureur, à l'abbaye de
Saint-Quentin, de ses grosses et menues dimes sur les terroirs de La Morlière, Welles, Harissart, pour 7 ans, moyennant 350 livres parisis, des quelles 160 ont été payées
comptant, dont quittance par le présent acte. Mardi 20 décembre 1295. — Notification par l'officialité d'Amiens du
bail fait par l'abbaye de Saint-Vaast de Moreuil à celle
de Saint-Quentin, pour 7 ans à partir du 2 février prochain,
de ses grosses et menues dimes sur les terroirs de La Morlière, Welles, Harissart, moyennant 350 livres parisis, des
quelles 160 ont été payées comptant, dont quittance par le
présent acte. Samedi 24 décembre 1295.—Vente, sous le sceau
du doyenné d'Amiens, par Pierre Le Nourricier et Marie sa
femme, à l'abbaye, moyennant 15 livres parisis, de 2 mines
et demie de terre au terroir de La Morlière, en 2 pièces,
l'une de 7 quartiers au bois Haton, près la terre des frères
du dit Pierre, et l'autre sise près la terre des frères de
Pierre et celle d'Ode, femme d'Oudard l'Anglais de La Morlière, avec transport de l'action dotale de la femme sur
2 mines et 3 quartiers de terre au dit terroir, près les fossés de l'abbaye, et près la terre de Jean Mignot. Lundi 7 mai
1296.

La Neuville-Roi.

Vente, sous le sceau de Philippe de Dreux, évêque de Beauvais, à l'abbaye par Jean, fils de Goscelin de Chatenay, chevalier, et Marie sa femme, sœur de D. de Cressonsacq, chevalier, du sixième de leur dîme de La Neuville-Roi, moyennant 80 livres parisis. Avril 1202. — Confirmation par Catherine, comtesse de Blois et de Clermont, de la dite vente de dîme mouvant de son fief. 1202.

La Neuville-sur-Auneuil.

Sentence arbitrale de Thomas, archidiacre de Soissons, condamnant à remplir ses obligations envers l'abbaye Amaury Gallomiel, chanoine du chapitre cathédral de Beauvais, héritier de Pierre d'Auneuil, archidiacre de Beauvais, et de son frère Adam, doyen du chapitre cathédral, puis religieux de l'abbaye, et ayant légué à celle-ci avant son entrée en religion un surcens de 60 sous parisis à prendre sur les cens de la Neuville-sur-Auneuil et de La Houssoye, la veille de Noël, et à dépenser par tiers pour son anniversaire, celui de son père Hugues, et de sa mère Mabilie. Vendredi 26 janvier 1285.

Merlemont (Warluis).

Vente, sous le sceau de Robert d'Aurigny, par Roger, vavasseur de Merlemont, et Marguerite sa femme, à l'abbaye, d'un arpent de vigne à Merlemont, au domaine de la Croix, moyennant 10 livres parisis, avec transport de l'action dotale de la femme sur la vigne du pressoir, vente confirmée par Pierre, seigneur de Laversines, chevalier, et Alix sa femme, le dit arpent mouvant du dit seigneur. Décembre 1230. — Confirmation par Pierre de Laversines, chevalier, et Alix sa femme, de la vente faite par Roger, vavasseur de Merlemont, et Marguerite sa femme, à l'abbaye, d'un arpent de vigne à Merlemont, au domaine de la Croix, moyennant 10 livres parisis, le dit arpent tenu de lui en fief. Décembre 1230. — Vente, sous le sceau de Robert d'Aurigny, par Roger, vavasseur de Merlemont, et Marguerite sa femme, à l'abbaye, d'un arpent de vigne à Merlemont, au domaine de la Croix, moyennant 10 livres parisis, avec transport de l'action dotale de la femme sur la vigne du pressoir, la dite vente munie du consentement de Marguerite de Cempuis, de qui l'arpent de vigne était tenu en fief. Janvier 1231. — Confirmation par Pierre, seigneur de Merlemont, chevalier, de la vente faite par Roger, vavasseur de Merlemont, et Marguerite sa femme, à l'abbaye, d'un arpent de vigne sis à Merlemont, dans le domaine de la Croix, et d'une pièce de terre dans la quelle la dite abbaye a établi son pressoir, les deux immeubles tenus en fief du dit seigneur, et ayant été à l'époque de la vente la propriété de Pierre de Laversines, chevalier, et d'Alix sa femme, avec donation à l'abbaye de toute seigneurie dans la dite vigne, terre, et pressoir, et concession du droit de faire librement au dit lieu le vin des vignes qui furent à Robert de Montreuil, chanoine de Saint-Quentin, et de celles de Roger et sa femme, et d'y admettre tous ceux voulant venir presser jusqu'à ce qu'il ait, lui ou ses héritiers, un pressoir propre à Merlemont ; la dite confirmation comprenant aussi la vente faite à l'abbaye par Guiard, fils d'Aubert du Ruis de Montreuil et Leiarde sa femme, du consentement de Pierre de Laversines, chevalier, et d'Alix sa femme, d'un demi-arpent de vigne sis à Montreuil, au champ de la Croix, près le clos de l'abbaye, du quel celle-ci doit payer à Roger Le Vavasseur un cens de 12 deniers à la Saint-Martin d'hiver. Février 1234. — Notification de la dite confirmation par l'officialité de Beauvais. 1234.

Montreuil-sur-Thérain.

Donation, sous le sceau de l'évêque Philippe de Dreux, par Robert de Montreuil, curé de Saint-Quentin-des-Prés-en-Bray, à l'abbaye, de son clos de vigne entre Montreuil-sur-Thérain et Merlemont, avec la maison y établie, immeubles qu'il avait achetés, avec confirmation de la donation par Pierre de Bracheux, chevalier, de qui la vigne était tenue en fief, réservé son cens de 15 deniers à la Saint-Remy, et son droit de pressoir ; et saisine donnée par l'évêque à l'abbé Robert. 1196. — Confirmation par Pierre de Laversines, chevalier, de la vente faite à l'abbaye, moyennant 30 sous parisis, par Roger Le Vavasseur de Montreuil et Marguerite sa femme, d'une pièce dite terre du Pressoir, sise à Montreuil, devant le clos de l'abbaye, tenue en fief du chevalier et d'Alix sa femme, avec abandon à l'abbaye de tout droit de seigneurie sur la dite terre, et permission pour la dite abbaye de construire un pressoir et d'y faire le vin de la vigne qui fut à Robert de Montreuil, chanoine de l'abbaye, et de celle achetée de Roger et sa femme, et d'y admettre tous ceux qui voudraient y venir presser, jusqu'à ce que le dit chevalier ait à Montreuil un propre pressoir. Octobre 1231. — Vente, sous le sceau de l'officialité de Beauvais, par Guiard fils d'Aubert du Ruis de Montreuil et Leiarde sa femme, à l'abbaye, moyennant 10 livres parisis, d'un demi-arpent de vigne sise à Montreuil, au champ de la Croix, près le clos de l'abbaye, tenue en fief des seigneurs de Merlemont, la dite vente confirmée par Roger Le Vavasseur de Merlemont, de qui la vigne était tenue à cens de 12 deniers payable à la Saint-Martin-d'Hiver, et actuellement passé à la charge de l'acquéreur. Janvier 1232.

Moyenneville.

Donation par Guillaume I de Montfort, évêque de Paris, à la prière d'Yves, évêque de Chartres, à l'abbaye, de la terre d'Arnel (Moyenneville), avec ses serfs, serves, moulin et bois, appartenant à l'abbaye de Saint-Germain-l'Auxerrois, à Paris, qui reçoit en retour une prébende au Chapitre de Notre-Dame de Paris. 1097. — Bulle du pape Urbain II confirmant la dite donation. Saint-Jean-de-Latran, 4 mars 1098. — Diplôme de Philippe-Auguste accordant à l'abbaye, à la demande de Mathieu son abbé, la promesse de ne jamais aliéner les droits donnés à son père par l'abbé Geoffroi à Moyenneville et Neufvy pris sous la sauvegarde du roi. 1190.

Nourard-le-Franc.

Confirmation par Jean, seigneur de l'Isle, chevalier, de la donation faite à l'abbaye par son cousin et homme lige Etienne de Nourard d'une rente de 2 muids de blé sur la grange de Nourard tenue de lui en fief.

Oigny (Aisne).

Notification par l'officialité de Beauvais de la donation faite à l'abbaye par Richaude du Chemin, mère de feu le clerc Lucien, et Jean son mari, d'une maison mouvant de la dite abbaye, sise à Oigny, lieu dit P.tellon, et des vignes en dépendant, avec réserve de l'usufruit pour la donatrice. Lundi 28 août 1262.

Saint-Just-des-Marais.

Notification par R., abbé de Saint-Lucien, de la transaction intervenue entre son abbaye et celle de Saint-Quentin sur une contestation mue au sujet de la dîme de ses prés sis dans les limites de la paroisse de Saint-Just-des-Marais, et longtemps débattue devant le doyen du Chapitre, ladite transaction portant que Saint-Quentin paiera à Saint-Lucien, tous les ans, à la saint Jean-Baptiste, 5 sous parisis, à venir chercher, pour la dîme des prés qu'elle a au dimage susdit, sans rien autre pour l'herbe et le foin, avec libération des arrérages qui pourraient être dus, mais obligation de payer la dîme pour les acquisitions d'autres prés qui pourraient être faites. Juillet 1287.

Tillé.

Vente, sous le sceau de l'officialité de Beauvais, par Jean Lasne de la paroisse de Saint-Laurent de Beauvais, et

Marie sa femme, d'une pièce de terre de 9 mines et demie et 6 verges et demie sise dans la plaine de Tillé entre la terre de Philippe Dolier et celle de l'Hôtel-Dieu de Beauvais d'un côté, et celle de Jean Gilain et des dits acheteurs de l'autre, la dite vente faite moyennant 22 livres parisis. Mardi 1ᵉʳ décembre 1293. — Engagement par Jean, chevalier, seigneur de Tilloy, de maintenir le mur qui est entre son jardin et celui du prévôt de Tilloy. Mai 1294.

Verderel.

Echange entre l'abbaye et Laurent Lebarbier et Ernaud de Verderel de 8 verges de terre au terroir de Verderel, mouvant de l'abbaye de Saint-Paul de Beauvais, près le bois de Fourneuil, à l'abbaye, entre le dit bois et la terre de Laurent et d'Ernaud d'un côté, et la terre de l'abbaye et celle d'Amaury de Fourneuil d'autre côté, cédées par Laurent et Ernaud, contre 8 autres verges sises entre la terre et le bois de l'abbaye et la terre de Laurent et Ernaud, dont la seigneurie étant à Saint-Quentin est transférée à Saint-Paul. Août 1295. — Consentement donné au dit échange par Alix, abbesse de Saint-Paul. Août 1295.

Welles.

Donation par Raoul de Clermont et Jean de Cardonois à l'abbaye de la dîme de leurs bois de Welles, c'est-à-dire des Fouées, s'ils étaient mis en culture. 1219. — Vente sous le sceau de l'officialité d'Amiens, par dam Saunier de Montdidier et Ade sa femme à l'abbaye, moyennant 49 sous 1 denier parisis, de 90 verges de terre en une pièce au terroir de Welles, près la terre des enfants d'Enguerrand Pilate et celle de Gautier Le Tourbier. 14 janvier 1272. — Bail, sous le sceau du bailliage de Vermandois, par Raoul de Clermont, écuier, et Jeanne sa mère, à l'abbaye, de leur terre de Welles et dépendances, cens, et revenus de deniers, avoine, volaille, champarts, corvées, et le bois qui est autour du village, et qu'on appelle le Ploie; et de 84 journaux de bois en la forêt de La Hérelle, des quels les bailleurs ont déjà vendu à Raoul, le maire de Welles, 42 journaux, dont le prix devra être payé à l'abbé, et les autres 42 journaux doivent être pris dans le bois le plus vieux appartenant à Raoul de Clermont en la forêt de La Hérelle, et coupés 14 journaux par an, les amendes pour les rentes non payées aux termes devant être par moitié à l'abbaye, soit 7 sous et 6 deniers, et le reste à Raoul, le dit bail fait pour 3 ans, moyennant 300 livres parisis. Mai 1298.

PRIEURÉ DE CONTY (Somme) (diocèse d'Amiens). — Fleury (Somme).

Notification par l'officialité d'Amiens de sa sentence renvoyant le prieuré de Conty des fins de la demande de Guise, veuve de Robert, revendiquant en raison de sa dot, suivant la coutume de France, la moitié du fief de la mairie de Fleury, consistant en 6 gerbes de grain moitié blé et avoine dues par tout homme du prieuré ayant une charrue pour chaque cheval de la dite charrue, trois gerbes de grain, blé et avoine, par moitié de tout homme du prieuré cultivateur d'un arpent pour ses bras, un pain à Noël pour chaque maison des hommes du prieuré, une ?, un chapon et son chauffage dans les bois du prieur; revendication repoussée par le prieuré en raison de la vente de la dite mairie à lui faite par le mari avec consentement de sa femme ayant reçu indemnité pour son action dotale. Mars 1296.

PRIEURÉ DE NEUFVY (diocèse de Beauvais). — Neufvy.

Donation par Pierre de Tricot et Renaud Daridel, chevaliers, au prieuré de Saint-Pierre de Neufvy, de la dîme du droit de passage sur la chaussée, que le receveur du dit droit devra jurer de payer au prieuré, avec obligation pour celui-ci d'entretenir la chaussée en tel état que les voyageurs et chariots y puissent passer, dans une longueur allant de la carrière aux bornes établies, donation dont Pierre, pour lui et ses héritiers, s'oblige à être le garant, ainsi que celui de Renaud Daridel qui l'a constitué tel, le dit acte portant le sceau de Pierre seul, Renaud n'en ayant pas. 1198. — Cession par l'évêque Guillaume I de Grez à l'abbaye de son droit d'hébergement annuel prétendu sur le prieuré de Neufvy, près Gournay-sur-Aronde, et contredit par la dite abbaye, soutenant que cette maison lui appartenant n'était pas un prieuré, et qu'elle ne devait pas l'hébergement, cession faite moyennant une rente de 6 livres parisis payable à Beauvais à la Saint-Remy, le dit contrat intervenu sur la médiation d'arbitres. Juin 1263.

PRIEURÉ DE NEUILLY-SOUS-CLERMONT (diocèse de Beauvais). — Lierval (Neuilly-sous-Clermont).

Notification par l'officialité de Beauvais du bail fait par l'abbaye à Renaud de Lierval de sa vigne de Rosein à cens d'un muid et demi de vin de la première cuvée du raisin de la vigne, livrable à l'époque de la vendange, et, à défaut, de pareille quantité provenant du même terroir, et de 12 deniers payables à la Saint-Remy, et de sa vigne de Chèvre-Pointe, à moitié, avec les frais de culture à la charge du preneur, et 2 deniers à rendre à la Saint-Remy, le dit bail fait à condition que Renaud et ses ayant cause jouiront des vignes sans division. Mai 1239.

PRIEURÉ DE PERTAIN (diocèse d'Amiens). — Pertain (Somme).

Notification par Etienne I de Nemours, évêque de Noyon, de l'engagement pris envers l'abbaye par B., curé de Pertain, après litige, de payer à la dite abbaye qui avait le patronage de la cure, pendant toute la durée de son ministère, la redevance à elle due, en monnaie parisis, comme il l'avait fait autrefois en monnaie de billon. 1199. — Concession par l'évêque Wermond de la Boissière, avec consentement du Chapitre cathédral, à l'abbaye à qui appartient le patronage de la cure de Pertain, et par conséquent le droit de présentation, du privilège de faire desservir la dite paroisse par un chanoine de l'abbaye, après la mort ou résignation du curé actuel Simon, réservés sur le desservant les droits de l'évêque, du Chapitre cathédral, de l'archidiacre, et du doyen rural. Août 1265. — Confirmation par le Chapitre cathédral de Noyon de la concession faite par l'évêque de Noyon, Wermond de la Boissière, à l'abbaye à qui appartient le patronage de la cure de Perlain et par conséquent le droit de présentation, du privilège de faire desservir la dite paroisse par un chanoine de l'abbaye, après la mort ou résignation du curé actuel Simon, réservés les droits de l'évêque, du Chapitre cathédral, de l'archidiacre, et du doyen rural. Août 1265. — Bulle du pape Clément IV confirmant la concession de l'évêque Wermond de la Boissière. Viterbe. 20 décembre 1266. — Confirmation par l'archidiacre de Noyon de la concession de l'évêque Wermond de La Boissière. Aout 1272. — Vidimus par l'officialité de Beauvais de la bulle du pape Clément IV, de la charte de l'évêque Wermond de la Boissière, et de celle du Chapitre. Jeudi 4 août 1272, etc.

Prieuré de Poix (diocèse d'Amiens). — Poix (Somme).

Confirmation par Godefroi, évêque d'Amiens, au prieuré des chanoines de Saint-Augustin, fondé au château de Poix, sous l'invocation de saint Denys, des donations à lui faites lors de sa dédicace par Gautier Tyrel avec consentement d'Adelicie, sa femme, et d'Hugues son fils : le village de Monchaux (Somme), avec toutes ses dépendances, serfs et serves; au village de Chépy (Somme), la cure avec le tiers de la dîme et un hôte; à Verton (Pas-de-Calais) un hôte, une rente de deux muids et demi de sel, avec la moitié de la dîme des viviers dans le carême, et la charge de poissons d'un bateau ; en Angleterre deux marcs d'argent sur la dîme de Lavingham; à Poix, les hôtes que le prieuré avait et ceux qu'il pouvait avoir exempts de tout droit de sa vicomté, le serf Gautier, fils d'Hidald, avec ses frères et leurs femmes, la dîme des poissons, du sel au toulieu, des moulins et fours, l'exemption du droit de banalité pour la cuisson de leur pain; un muid de froment à payer chaque année au moulin, à cause de l'avouerie de Daméraucourt (Somme); le droit de régir conjointement avec le seigneur de Poix le service des employés du tonlieu, et d'avoir, s'il le veut, un serviteur propre, mais à condition qu'il prête comme les autres serment de fidélité aux deux seigneurs, et qu'aucun de ceux-ci, sur le marché, ne puisse sans la volonté du vendeur prendre à crédit, échanger, enlever quelque chose; les droits sans partage de la foire de la veille et du jour de la fête de la Saint-Denys, le droit d'acceptation libre de toute donation de bien mouvant de la seigneurie de Poix; la dite confirmation comprenant aussi la donation du tiers du dit prieuré par Foulques l'archidiacre, les personnats des cinq cures et le tiers de la dîme grosse et menue de Rainvillers, Saint-Romain, Erémecourt, Daméraucourt et Elencourt, avec leurs hôtes et terres. 22 octobre 1118. — Notification par l'évêque Godefroi de la donation faite au prieuré de Saint-Denys de Poix par Waison de Golleville de la moitié de sa terre et bois de Posières, en réparation de l'incendie par lui mis à la ville et au château de Poix à la tête des gens du pays de Bray, cause pour laquelle Gautier Tyrel, le bienfaiteur du prieuré, l'avait pris en haine et ne voulait pas le recevoir en grâce jusqu'à ce qu'il eût réparé le dommage, ce que celui-ci avait juré de faire, et ce pourquoi il avait donné des cautions, réparation qu'il ne pouvait suffire à exécuter; de laquelle il avait obtenu de se libérer en faisant donation, avec le consentement de ses fils et filles, de la dite terre, remise à Gautier Tyrel qui la transmit à l'évêque Godefroi qui en fit tradition à l'abbaye, la dite donation accompagnée de la renonciation par Raoul de la Porte de qui mouvait la terre à son droit de seigneurie. 9 octobre 1121. — Notification par Gautier Tyrel, seigneur de Poix, de la concession par lui faite aux habitants de Poix, d'une commune, réservé son droit sur les cens et autres choses, et pareillement le droit du prieuré de Poix tel qu'il était avant l'institution de cette commune, consentie par l'abbaye de Saint-Quentin, cette concession portant les clauses suivantes arrêtées par le seigneur et la commune conjointement : les hôtes du prieuré demeurant dans la ville de Poix et dans les villages voisins, lui rendront à perpétuité, outre les cens accoutumés, et les anciennes redevances, 3 sous 18 deniers à la Saint-Remy, et autant à Pâques ; les sous-hôtes que les hôtes auraient pu faire, paieront aussi 3 sous aux dits termes, comme ceux-ci les paient à l'abbaye ; au cas où les hôtes et sous-hôtes n'auraient pas rendu ces 3 sous, le maire de la commune les leur fera rendre ; le seigneur de Poix aura, aux termes susdits, 2 sous de chaque hôte en raison des corvées qu'il leur réclamait, et dont ils seront exempts par ce moyen. 1173. — Echange, sous le sceau de Gautier Tyrel, entre lui et le prieuré de Saint-Denys de Poix, d'une pièce de terre près le bois des Prêtres cédée au prieuré, contre les jardins et maisons des hôtes de l'abbaye que le dit seigneur avait pris pour augmenter son vivier, sans droit et malgré les réclamations de l'abbaye ; cession faite avec condition en outre de donner au prieuré un emplacement convenable pour faire le moulin qu'il avait perdu, sa place ayant été prise pour le vivier ; et de restituer au prieuré la terre des jardins et maisons des hôtes, si le vivier était transporté ailleurs, en reprenant la dite pièce de terre près le bois des Prêtres donnée en échange. 1179. — Collation par Thibaud III de Leilly, évêque d'Amiens, de la cure de Saint-Martin de Poix à Hugues-le-Beau, chanoine de l'abbaye, sur la présentation de celle-ci, après la résignation du titulaire Godefroi, avec approbation de Thibaud, archidiacre d'Amiens, la dite collation accompagnée de la concession faite à l'abbaye, à la mort du titulaire, du droit de présentation d'un de ses chanoines ou clerc séculier. 27 décembre 1190. — Notification par Guillaume, doyen, Dieudonné, et Raoul de Mouy, chanoines du Chapitre cathédral de Beauvais, juges délégués par autorité apostolique en la cause entre la veuve Marie du Sauchoy et l'abbaye, demanderesse en paiement d'un surcens de 9 sous parisis sur 3 masures à Poix, au bois des Prêtres, devant chacune 18 deniers parisis à la Saint-Remy, et autant à Pâques, et en outre le cens et les redevances dues au prieuré de Saint-Denys de Poix, de la reconnaissance par la veuve du dit surcens sur les dites maisons de 4 sous et demi à la Saint-Remy, et d'autant à Pâques, et de sa promesse de les payer. 31 décembre 1231. — Transaction sous le sceau de Geoffroi I d'Eu, évêque d'Amiens, entre l'abbé Jean, le prieur. A, d'une part, et Guillaume, curé de Notre-Dame de Poix, d'autre part, sur une contestation mue entre eux au sujet du tiers du reportage ou moitié de dime que le prieuré de Saint-Denys avait sur la circonscription de la paroisse de Notre-Dame, et de pareille quantité de dîme que celle-ci avait sur les circonscriptions de Saint-Denys et de Saint-Martin de Poix, la dite transaction portant que le curé paiera au prieuré, en la grange de celui-ci, à la Toussaint, 3 mines de froment et autant d'avoine, mesure de Poix, en grain de la dime; et que le prieuré et cure se font abandon réciproquement de leur tiers prétendu de moitié de dîme. Août 1232. — Notification par Gérard d'Eragny, abbé de Saint-Germer de Fly, de la transaction intervenue entre lui et l'abbé Jean au sujet du reportage ou moitié de la dîme de la circonscription de la paroisse de Notre-Dame de Poix, église de Saint-Germer, possédée par le prieuré, et de deux tiers de moitié de dime possédés par Notre-Dame en la circonscription de Saint-Martin, appartenant à Saint-Quentin, sur laquelle question un accord était intervenu portant que Notre-Dame paierait à Saint-Denys pour se libérer de sa dette de reportage 6 mines de froment et autant d'avoine, la dite transaction contenant que Saint-Germer donne à bail à Saint-Quentin le revenu de Notre-Dame à Terrimesnil, moyennant 15 mines de blé, et autant d'avoine à La Toussaint, mesure de Poix, à rendre en la cure de Notre-Dame; que Saint-Germer fait remise à Saint-Quentin de son reportage; et que celle-ci en retour lui fait abandon du sien sur la circonscription de Notre-Dame, et des 6 mines de blé et autant d'avoine à elles dues pour lui tenir lieu de son reportage suivant une convention autrefois passée; le dit acte ratifiant l'ancienne transaction entre Saint-Quentin et Guillaume, curé de Notre-Dame, sous le sceau de Geoffroi I, évêque d'Amiens. Novembre 1232. — Vente par l'abbé A, au prieuré d'un cens de 40 sous dû par la commune à Pâques à l'infirmerie de l'abbaye de Poix, à condition pour le prieuré d'employer 20 sous du dit cens à la réfection de ses chanoines le jour de l'anniversaire de Godefroy de Wesseham, chanoine de Saint-Paul de Londres, et les 20 autres sous en distributions aux pauvres pour le salut de son âme, la dite vente faite moyennant 40 livres parisis payées au prieuré pour cette destination de l'anniversaire de Godefroy, par son frère Gérard, official de Lincoln. 28 juin 1248. — Donation, sous le sceau de Chapitre de Beauvais, à l'abbaye, par Philippe d'Aumale et Hélène sa femme, d'un cens de 4 chapons, sur deux maisons contiguës à Poix, sises en la paroisse et rue Saint-Martin, entre la maison d'Eustache de Pinchon et celle de Martin Cordele, et vente par les mêmes à la même d'un autre cens de 8 sous sur les dites maisons, venant à la femme par succession, cette vente faite moyennant 8 livres parisis. Août 1256. — Notification par Guillaume Tyrel, chevalier, seigneur de Poix, de la réclamation par lui faite de la moitié dans le droit de Ressue, coutume en vertu de laquelle il prétendait à la moitié de l'argent perçu de tout cheval, âne, mulet, charrette, venant le jeudi au marché de Poix, et y prenant une nouvelle charge, prétention confirmée par la voix populaire ; de l'abandon par lui fait au dit établissement du cens de 12 deniers à lui dû le lendemain de la Saint-Denys, par le prieur venant lui rendre les mesures de la ville, avec remise en compensation à lui faite d'un cens égal sur la rue du sac ; et de l'engagement pris par lui de donner au dit prieuré à Noël sur son cens des chapons de Poix un chapon en place de celui qu'il devait sur la terre sise à côté du colombier du manoir qui fut jadis à Mathieu Boulemer et Colaye sa femme, qu'il avait acheté, et qui est dit la maison du prévot. Mars 1290. — Vidimus par Philippe Auguste de juin 1290 d'une charte de la prévoté de Paris notifiant la constitution faite par Jean de Marest de Roger de Beauvais, orfèvre, et Enguerrand de La Place, bourgeois de Paris, comme ses garants, d'une dette de 100 livres tournois envers le roi, sous peine d'être remis en prison au Châtelet à l'instance du bailli d'Amiens, pour le paiement de laquelle dette il avait engagé tous ses biens et spécialement un manoir et ses dépendances sis à Saint-Quentin, tenant d'un côté à la maison de Renaud de Frémont et d'autre à celle de Robert de Rueil, dette qui n'avait pas été payée par le débiteur, et pour se rembourser du paiement de laquelle les cautions avaient voulu faire vendre le manoir mouvant de la seigneurie de Saint-Quentin, plusieurs fois requise par le prédécesseur du dit roi, d'aliéner le dit immeuble, et de sa vente en adjudication par l'abbaye, moyennant 110 livres parisis à Roger de Beauvais. Samedi 28 mai 1289, etc.

Crèvecœur-le-Petit.

Notification par Raoul, avoué d'Harissart, chevalier, de la vente faite par Hugues de Boutavent et M. sa femme au prieuré, de tout ce qu'ils avaient dans la dîme du terroir de Crèvecœur, c'est-à-dire le tiers, tenu en fief du dit Raoul, avec abandon par lui, sa femme, et Jean son premier né de tout droit sur cette dîme, moyennant paiement par le prieuré en la cour de La Morlière, à la Saint-Remy, d'un cens de 6 deniers, à défaut du quel le chevalier pourra demander l'engagement de payer à la place au chanoine de l'abbaye ou à son sergent à La Morlière, et, en cas de refus saisir jusqu'à concurrence de la valeur de 6 deniers. Janvier 1239. — Vente, moyennant 68 livres parisis, sous le sceau de l'officialité de Beauvais, par Hugues de Pérennes et Marie sa femme, au prieuré, de ce qu'ils avaient dans la dîme de Crèvecœur, c'est-à-dire le tiers, la dite vente accompagnée de la renonciation par Marie à son action dotale sur le bien vendu, résignée par elle entre les mains du doyen de Montdidier, et pour la quelle elle avait reçu de son mari compensation. 1239. — Vente, moyennant 68 livres parisis, sous le sceau de l'évêque d'Amiens Arnoux, par Hugues de Pérennes au prieuré, de toute la dîme qu'il avait à Crèvecœur dans le village et au dehors, la dite vente faite avec consentement de Jean seigneur de la dite dîme, avec abandon par Marie, femme de Jean, de son action dotale remise entre les mains de G. doyen de Montdidier, en échange de laquelle elle avait reçu de son mari le quart du terrage dans les territoires de Mesnencourt et de Boutavent. Janvier 1239.

Erémecourt (Somme).

Notification, sous le sceau d'Eustache, abbé de Saint-Pierre de Sélincourt, d'une décision de partage entre cette abbaye et le prieuré, du bois de Posières à Erémecourt, dont la moitié appartenait à la première, un quart au second, et un quart à Enguerrand d'Esvancemont, chevalier, et Jean son fils, et dont l'indivision avait été cause de nombreuses contestations. 1170, etc.

Esquennes (Somme).

Chirographe, sous le sceau de Thibaud III d'Heilly, évêque d'Amiens, contenant transction entre le prieur Jean, et Barthélemy, curé de Poix, sur une contestation mue entre les parties au sujet du tiers de la dîme d'Esquennes, la dite transaction portant abandon par le prieuré, avec consentement de l'abbaye, au curé, de la dîme litigieuse, moyennant un cens de 4 muids de froment, et autant d'avoine, mesure de Poix, à payer à la Toussaint, et à prendre au tas de la dîme, sans changement de grain, obligation que garantira le serment du curé. 1182, etc.

Monchaux (Somme).

Donation par Gautier Tyrel, seigneur de Poix, au prieuré, pour imiter les libéralités faites par ses pères à cette église de son pain et vin aux quels il avait droit sur les vignes de Monchaux (Somme), la dite donation faite avec consentement d'Ade, femme du donateur et de ses enfants Hugues et Béatrix. Avril 1207.

Mouy.

Notification par Guillaume, doyen, Dieudonné, et Godefroy de Juvigny, chanoines du Chapitre cathédral de Beauvais, juges délégués par l'autorité du légat apostolique en la cause entre l'abbaye et Simon de Poix le jeune, chevalier, au sujet d'une donation par feu Manassé, chevalier, fils de Renaud de Mello pour le salut de l'âme de son père et de son frère Renaud, au prieuré d'un muid de vin à la Saint-Remy sur son clos de Mouy ou sur les cens, et à l'abbaye de 2 sous de monnaie Beauvaisine à la Saint-Remy sur les cens d'Allonne en compensation d'un pré à Mello qui fut à la dite abbaye, demandant le paiement du cens d'un muid de vin et des 2 sous sur des cens d'Allonne à Simon de Pissy qui tenait le clos de Mouy, le cens du vin, le pré de Mello, et le cens d'Allonne, du chef de sa femme nièce de Manassé, de l'engagement pris par Manassé de payer le muid de vin sur le clos de Mouy ou les cens du vin et les 2 sous à la Saint-Remy sur les cens d'Allonne. Dimanche 17 juin 1255.

Beauvais. — Imprimerie de D. PÈRE, rue Saint-Jean.

www.ingramcontent.com/pod-product-compliance
Lightning Source LLC
Chambersburg PA
CBHW070712050426
42451CB00008B/618